W0334804

Christa Spilling-Nöker

Vom Zauber meines Gartens

HERDER

FREIBURG · BASEL · WIEN

Lächle, denn es gibt einen Frühling
in deinem Garten,
der die Blüten bringt,
einen Sommer, der die Blätter tanzen,
und einen Herbst,
der die Früchte reifen lässt.

Aus Arabien

Vorwort

Was gibt es Schöneres als die Jahreszeiten im Garten zu genießen und sich nach getaner Arbeit an ein schattiges Plätzchen zurückzuziehen und die Früchte seines Wirkens zu genießen? Jeder Garten hat etwas Paradiesisches. Und so erlebt man ihn ja auch: als einen himmlischen Ort, an dem man zur Ruhe kommt und wieder ganz mit sich selbst eins wird.

Die unterschiedlichen Texte in diesem Buch laden Sie dazu ein, sich durch die Jahreszeiten hin vom Zauber der Gärten berühren zu lassen und dem Duft der Blumen, dem Geschmack von Gemüse und Kräutern und der Lust an den vielfachen Früchten in aller Stille nachzuträumen.

Von der Wonne des Frühlings

Dem Frühling wohnt immer ein besonderer Zauber inne. Nach den kalten Wintermonaten sehnen wir uns nach Sonne und Wärme, träumen davon, dass aus den kahlen Zweigen junge Knospen ausschlagen und sich der Garten wieder in frohen Farben und lieblichen Düften zeigt. Wir sind beseelt von der heiteren Ahnung warmer Tage, von der Hoffnung auf das großen Blühen, das uns in jedem Jahr wieder mit Lebensfreude füllt. Die Schönheit der Natur ist ein einzigartiges Geschenk, das uns Leib und Seele erfrischt.

Knospendes Blühen

Aus der Nacht
erwacht
in den auferstehenden
Morgenglanz.
Träume
von knospendem Blühen
tragen auf
zärtlichen Schwingen
von einer Stunde
zur anderen –
Zukunftsmusik
summt sanft
in den Ohren:
das Leben fühlt sich
gut an.

Woher die Schneeglöckchen ihren Namen haben

Es war in diesem Jahr ein besonders langer und harter Winter. Der Boden war seit Wochen gefroren. Doch unter der Erde wurde es schon sehr lebendig. „Wann gewinnt die Sonne denn endlich an Kraft, damit wir wieder unsere Knospen zeigen und blühen können?", raunten die kleinen Winterglöckchen und Krokusse einander zu. „Wir könnten es ja einmal probieren", dachten die Winterglöckchen, aber sie verletzten sich ihre zarten Köpfchen, als sie versuchten, den harten Boden zu durchdringen. „Da wolltet ihr wohl mal wieder die Ersten sein, die die Menschen mit der Hoffnung auf das anbrechende Frühjahr verzaubern", spotteten die Krokusse. „Vielleicht lohnt es sich doch, etwas Geduld zu haben." Und sie fielen wieder in gemächlichen Winterschlaf. Doch die Winterglöckchen gaben nicht auf. Schon kurze Zeit darauf versuchten sie erneut, ans Tageslicht durchzudringen. Die Sonne lächelte ihnen zu – und so gelang es. Doch gerade hatten sie ihre ersten Glöckchen entfaltet, da fielen dicke weiße Flocken auf sie hernieder, sodass man sie gar nicht mehr erkennen konnte. „Man hört sie läuten, aber man sieht sie unter der weißen Schneedecke gar nicht", meinten die Menschen. Und von diesem Tag an nannten sie die ersten kleinen Frühjahrsblüher nun Schneeglöckchen.

Aus Nachbars Garten

Der Flieder
im Nachbargarten
blüht in dichten Dolden
weiß und violett
wieder auf.
Ich danke dem Wind –
und atme beseligt
und lustvoll
den Frühling.

Der Hobbygärtner und sein kleines Paradies

Wer einmal seine Leidenschaft für den Garten entdeckt hat, der wird gleichsam süchtig nach Hacken und Harken, nach Graben und Gießen, nach Pflanzen und Pflegen. Eins steht für den Hobbygärtner in jedem Fall fest: In diesem Jahr soll der Garten noch schöner aussehen als im vergangenen. In Gärtnereien sucht er nach ausgefallenen Pflanzen, auf Flohmärkten nach liebevollen Accessoires, mit denen er seinem kleinen Paradies noch eine ganz persönliche Note verleihen kann. Erst in den Abendstunden gönnt er sich die wohlverdiente Erholung und freut sich daran, seinen Blumen und Bäumen beim Wachsen zuzusehen. Und manchmal ahnt er in der einen oder anderen Pflanze den Spiegel seiner Seele.

Mandelbäume

Mandelbäume
verzaubern uns im Frühling
mit ihrem einzigartigen
rosafarbenen Blütentraum.
Wir möchten darin versinken
und ihren Anblick
auf Dauer bewahren.
Doch ist den Mandelbäumen
ihr erster Auftritt nicht genug –
im Herbst wollen sie
unendlich viele süße Früchte
von ihren Zweigen werfen,
die wir genüsslich
knabbern dürfen.

Veilchenduft

Aus den grünen Wiesen
blicken sie zu mir empor
wie blaue Augen,
die kleinen Veilchen.
Sie fürchten, nicht genügend
beachtet zu werden,
und suchen meine Aufmerksamkeit
durch ihren betörenden Duft.

Maiglöckchen – Blumen der Liebe

Einer Legende nach soll das Maiglöckchen an dem Ort entstanden sein, an dem Maria neben dem Kreuz auf Golgatha ihre Tränen vergoss. Von daher trägt das Maiglöckchen auch die Namen „Frauen- oder Marientränen“ und zählt zu den „Marienblumen“. Es gilt als christliches Symbol der „reinen Liebe“. Daraus sind gegen Ende des 18. Jahrhunderts die Maiandachten zu Ehren der Gottesmutter Maria entstanden.

Eine wahre Wonne

Anmutig und zart
duften die Maiglöckchen
durch den Frühling
und laden dich auf ihre Weise
zum Fest der Freude
und der Liebe ein.
Fass dir ein Herz
und folge ihrem Ruf –
das Glück wird dich schon bald
von Kopf bis Fuß
durchdringen.

Vom Säen und Pflanzen

Es macht viel Freude, Saatgut für Frühlings- und Sommerblumen oder Kräuter in Quelltöpfen auf der Fensterbank vorzuziehen, sie anschließend zu pikieren, die jungen Pflanzen also vorsichtig auseinanderzuziehen und in kleine Töpfe mit Anzuchterde umzusetzen. Wenn kein Frost mehr droht, können die Pflänzchen in gesonderte Töpfe, in einen Balkonkasten oder in ein Gartenbeet ausgepflanzt werden.

Erdiges

Beim Pflanzen
die feuchte Erde
mit den Fingern
durchgraben,
ihren satten Geruch
einatmen und hoffen,
dass alles wächst
und gedeiht,
wovon du dich nähren
oder worauf
du dich einfach nur
freuen willst.

Von der Königin der Blumen

Einer alten persischen Legende nach galt ursprünglich die Lotosblume als Königin der Blumen. Doch da sie nachts, um zu schlafen, ihre Blumenaugen schließen musste und somit ihren herrschaftlichen Aufgaben nicht nachkommen konnte, wurden die anderen Blumen mit ihr unzufrieden und baten Gott, sie durch eine andere abzulösen. Der hatte ein Einsehen und ernannte nun die weiße Rose als ihre Königin. Darüber waren alle froh und die Vögel priesen sie mit ihren schönsten Liedern. Vor allem die Nachtigall, die Königin unter den Singvögeln, würdigte die neue Königin der Blumen mit ihrem einzigartigen Gesang. Bei dem lieblichsten ihrer Lieder drückte sie die Rose zärtlich an sich. Da verletzte sich die Nachtigall an einem Stachel der Rose, sodass ein kleiner Blutstropfen hervorquoll, der die weißen Blütenblätter der Rose färbte. So sind neben den weißen die roten Rosen entstanden.

Die Qual der Rose

Es war ein heller Frühlingstag, als die Rose ihre ersten jungen Knospen gen Himmel streckte. „Wie schön wird es erst sein, wenn sie sich zu voller Blüte entfalten", träumte sie still vor sich hin. Doch plötzlich wurde ihr unbehaglich zumute. „Was kitzelt denn da an meinen hellgrünen Blättern und jungen Trieben?" Schon bald wurde sie gewahr, dass es Heerscharen von Läusen auf sie abgesehen hatten, die an ihrem jungen Blattwerk und an ihren Knospen herumknabberten. „Was kann ich denn nur dagegen tun?", fragte sie sich. Sie überlegte hin und her, bis in ihr der Entschluss gereift war, die Elstern darum zu bitten, sie von der lästigen Qual zu befreien. Doch die Elstern lachten nur über die Bitte der Rose und flogen einfach davon. „Vielleicht vermögen mir die Mäuse zu helfen", ging es ihr durch den Sinn. Doch die Mäuse piepsten, dass sie die stacheligen Beine der Rose gar nicht emporlaufen könnten, und verkrochen sich eiligst in ihrem Unterschlupf. „Wer kann mir nur helfen?", fragte sich die Rose. Da kam plötzlich ein ganzer Schwarm Marienkäfer angeflogen. „Warum hast du uns nicht gefragt?", wisperten sie ein wenig verdrossen. Ohne jedoch eine Antwort abzuwarten, machten sie sich hungrig und vergnügt über die Läuse her. Es dauerte nicht lange und die Rose konnte befreit aufatmen und ihre Knospen zu herrlich duftenden Blüten öffnen. „Danke", flüsterte sie. Womit sich wieder einmal erwiesen hat, dass es im Leben nicht immer die wenigen Großen, sondern manchmal die vielen Kleinen sind, die helfen können, das Leben zu erleichtern und aufblühen zu lassen.

Rosenträume

Liebesträume
erwachen wieder
beim zarten Duft
einer Rose.
Vergangene Zeiten
blühen
in bunten Bildern
noch einmal auf;
gelebtes Glück möchte
zum letzten Mal
heimlich geküsst
und umarmt sein.
Auf die Rose fällt
eine Träne.

Der ungeduldige Landmann

Es war einmal ein Mann, der ein Stück Land geerbt hatte. Eifrig begann er, den Acker zu kultivieren, denn er dachte, je früher er das Saatgut ausbringen würde, desto eher könne er ernten, dadurch als Erster seine Früchte auf dem Markt verkaufen und den höchsten Gewinn erzielen. Also bestellte er seine Felder bereits an einem sonnigen Tag im Februar. Aber das Wetter machte naturgemäß nicht mit. Schnee und Frost ließen die Saat schon im Keim ersticken. Als alle anderen Bauern im Sommer ihre Ernte einfuhren, ging er leer aus.

Sich in Geduld üben

Ich wünsche dir die nötige Geduld,
allem in deinem Leben die Zeit zu lassen,
die es braucht, um wachsen
und reifen zu können,
damit du dich eines zukünftigen Tages
an reicher Ernte laben kannst.

Marienmonat Mai

Wer liebt ihn nicht, den kleinen Marienkäfer, den wir gern als Glücksbringer verstehen. Seine Namenspatin ist die Jungfrau Maria, denn man glaubte früher, dass der kleine Krabbler in ihrem Auftrag Schädlinge vertilgte, sodass die Ernte im heimischen Garten nicht gefährdet war. Immerhin frisst er pro Tag bis zu einhundertfünfzig Blattläuse. Unter den allein in Deutschland verbreiteten siebzig Arten ist der Siebenpunkt-Marienkäfer wohl der bekannteste und beliebteste. Die auf den Flügeln auftretenden sieben Punkte wurden hierzulande in der Volksfrömmigkeit mit den sieben Schmerzen Marias in Verbindung gebracht. In Schweden hingegen, wo der Marienkäfer „Marias Schlüsselmagd" genannt wird, versteht man die sieben Punkte als die sieben Tugenden Marias. Auch in den Bezeichnungen Gotteskäfer, Herrgottskäfer und Herrgottswürmchen wird eine religiöse Deutung sichtbar.

Geschmack nach Mai

Wenn welke Zweige
vom Waldmeister
– kopfüber –
in der Bowle hängen
und die Aromen
prickelnd durch
die Kehle rinnen,
dann schmeckt das Fest
ganz wundersam
nach Mai.

Von der Wärme des Sommers

Der Sommer belebt uns in jedem Jahr wieder auf eine besondere Weise. Die vielen duftenden Beeren, Pfirsiche und Kirschen, die wir uns schmecken lassen dürfen, das Gezwitscher der Vögel, die langen Tage und hellen Abende, an denen wir auf dem Balkon oder im Garten sitzen und uns von Blumendüften umwehen lassen. Manchmal macht es Freude, uns liebe Gäste einzuladen, den Gartentisch festlich zu decken und mit ihnen zusammen ein köstliches Essen zu genießen, natürlich mit der ein oder anderen Zutat aus dem Garten. Der Sommer ist in jedem Jahr wieder ein ganz besonderes Fest für die Sinne.

Aus dem Kräutergarten

Was gibt
der Kräutergarten her?
Die Auswahl fällt mir
heut' nicht schwer:
Rosmarin
zu dem Lammfilet,
Thymian
für das Käsesoufflé,
Minze
auf das Erdbeerdessert –
die Küche duftet:
es schmeckt
nach mehr!

Legenden von der Erdbeere

Einer alten Legende nach ging der Jesusknabe eines Tages durch einen Wald und sah am Wegesrand Erdbeerpfänzlein blühen, doch die Blüten reiften nur zu ungenießbaren kleinen Samenkörnern. Der Knabe aber war von den schneeweißen Blüten hell entzückt und wurde bei ihrem Anblick so sehr von einer stillen Sehnsucht nach der Reinheit und Schönheit des Himmels durchwoben, dass er sich niederbeugte und eine von den Blüten küsste. Vor Freude über diese zarte Berührung durch das göttliche Kind reiften die Samen fortan zu saftigen, roten Früchten.

Eine andere Legende erzählt, dass die Gottesmutter Maria die verstorbenen Kinder einmal im Jahr auf die Himmelswiese führt, auf der zahlreiche Erdbeersträucher gedeihen – und dass sie sich dort an den saftigen roten Früchten rundum satt essen dürfen.

Sommermorgen

Das Wunder des Himmels,
die Natur jeden Tag
wieder neu zu verzaubern,
heilt nach und nach
deine Wunden,
sät dir Träume ins Herz,
streut dir Strahlen
der Hoffnung
in dein noch müdes Gesicht.

Wie schmecken doch die Kirschen gut

Wie schmecken doch
die Kirschen gut,
so frisch vom Baum gepflückt;
der Saft, die Süße haben mich
ganz wundersam entzückt.

Und dann, entsteint,
da wandern sie
in einen feinen Kuchen;
ein wenig Zimt darauf gestreut,
kann man ihn dann versuchen.

Doch auch im
Marmeladenglas
kann man sie gut verstecken,
sowie in einem Kirschkompott
genüsslich gar verschlecken.

In sich selbst stimmig werden

Wenn ich in meinen Garten gehe, manchmal nur, um schnell einige Pflegearbeiten zu verrichten, verliere ich jedes Gefühl für die Zeit. Hier wird ein wenig Unkraut gezupft, dort Verblühtes aus den Rosen geschnitten. Einige Blumen, die ich in der Gärtnerei gekauft habe, werden liebevoll eingepflanzt und angegossen. Ich spüre die Erde in meinen Händen, den Grund, aus dem das Leben aller Pflanzen emporkeimt und wächst. Über mir lacht der Himmel in kräftigem Blau. Die Sonne wärmt mich, ein Windhauch fährt mir durch das Haar, Amseln singen. Alles, was mich noch vor Kurzem beschäftigt, bewegt und mit Angst und Sorgen erfüllt hat, ist wie weggeblasen. Ich fühle mich frei und eins mit der Schöpfung und mir.

Gartenglück

Der Garten
atmet mir Frieden
in meine Seele,
sein Duft
verzaubert mir
meine Sinne
und das Glück
schweigt sich tief
in mein Herz.

Südländische Oasen

Vor allem in südlichen Ländern kann man sie bestaunen, die vielen kleinen Balkone, die zu grünen Oasen gestaltet sind. Da stehen allerlei große und kleine Terrakottatöpfe mit Geranien, Petunien und Verbenen, mit Apfelsinenbäumchen und Zwergzypressen, mit Bougainville und Oleander. Sie verleihen den Häusern ein ganz besonderes, einladendes Flair, weil man wahrnimmt, dass die Menschen, die dort wohnen, ein Gespür für das haben, was anmutig aussieht und lebendig ist.

Schmetterlingsleicht

Schmetterlinge
umtaumeln
die duftenden Blüten
des Lavendel,
Leichtigkeit
durchweht die Luft,
deinen Träumen
wachsen Flügel
und du atmest
glückselig
den Sommer.

Unter dem Regenbogen

Inmitten der Nacht fallen Sterne vom Himmel –
schneeweiß oder golden leuchtend –
sie funkeln mir Licht in die Träume.

Schenken sie mir die Hoffnung,
dass der Regenbogen nach all den dunklen Wolkentagen
schon morgen wieder über meinem Haus aufleuchten wird?

Ich vertraue dem Glanz des Morgensterns:
Das Gras flimmert grün, und die glitzernden Strahlen
laden mich ein, leichtfüßig einen Tanz auf ihnen zu wagen.
Der neue Tag sonnt mir entgegen.

Vom Neid des Mondes auf die Sonnenblumen

Es war wieder Sommer geworden und die Sonne strahlte am blauen Himmelszelt, dass es nur so eine Freude war. Heute funkelte sie geradezu, denn sie sah, dass sich auf der Erde große gelbe Blüten öffneten. Diese Blumen waren ihr ganzer Stolz, denn die Menschen hatten ihnen ihren Namen gegeben: „Sonnenblumen". Ganze Felder davon gab es. Sie bildeten einen irdischen Spiegel ihrer eigenen Schönheit.

Als der Mond am Abend aufging und auf die Erde hinabblickte, entging ihm nicht, dass die Sonnenblumen wieder erblüht waren. Ja, ja, die Sonne, die war bei den Menschen so beliebt, dass sie immer hochmütiger wurde. Aber warum kam niemand einmal auf den Gedanken, ihn auf irgendeine Weise zu ehren? Je länger er darüber nachdachte, desto trauriger wurde er, bis schließlich dicke Tränen über seine Wangen liefen und bis hinunter auf die Erde tropften. Die Menschen blickten zum Himmel empor und fanden es sehr seltsam, dass es regnete, obwohl gar keine Wolken am Himmel zu sehen waren. Aber sie dachten nicht weiter darüber nach. Nur ein Engel sah, wie es um den guten alten Mond bestellt war. Flugs war er bei ihm und versuchte, seine Tränen zu trocknen, doch kaum hatte er sie auf der einen Seite abgewischt, quollen auf der anderen Seite schon neue hervor. „Wie kann ich dir denn helfen?", fragte der Engel ganz verzagt. Doch der Mond schüttelte nur still den

Kopf und schluchzte so herzergreifend, dass der Engel beinahe selbst in Tränen ausgebrochen wäre.

„Da muss etwas geschehen in der kommenden Nacht“, dachte der Engel. Er erzählte all den anderen Engeln von dem traurigen Mond. Kaum war dieser, niedergedrückt wie zuvor, am Himmel erschienen, flogen alle himmlischen Heerscharen zu ihm hin und sangen ihm die schönsten Abendlieder. Doch auch das half nichts. Weiterhin tropften die Tränen des Mondes auf die Erde hinab, sodass diese an einer Stelle schon ganz aufgeweicht war. Es war ein Kind, das am Abend noch in den Garten hinauslief und bemerkte, dass der Boden feucht war, obwohl es gar nicht geregnet hatte. Da blickte es zum Himmel empor und sah, dass vom Mond dicke Tränen hinabkullerten. „Ach, worüber weinst du denn, guter Mond?“ „Weil die Menschen der Sonne eine Blume geweiht haben und ich immer in ihrem Schatten stehe.“ „Ach, lieber Mond, dann will ich jetzt eine Blume für dich pflanzen.“ Das Kind pflückte den Trieb von einem Rankengewächs, steckte ihn an der Stelle, an der die Tränen des Mondes den Boden durchfeuchtet hatten, in die Erde und betete zu den Engeln des Himmels, sie mögen daraus doch eine Blume für den Mond wachsen lassen. Die lächelten dem Kind freundlich zu und ließen das Wunder geschehen.

So entwickelte sich aus dem Ableger eine zarte Pflanze mit wunderbaren weißen Blüten, die sich nur in der Nacht entfalten und silbern zu schimmern beginnen, wenn sie vom Mondlicht gestreift werden. Deshalb nannten die Menschen sie Mondblume. Die Sonne kann sie am Tag nicht entdecken, sonst hätte sie sie vielleicht schon aus Missgunst und Überheblichkeit verbrannt. Doch der Mond freut sich jede Nacht an ihrem stillen Glanz und hat seither nie mehr eine Träne vergossen.

Traumnacht

Nachtblumen
verzaubern die Finsternis
in geheimnisvolles Leuchten,
Wünsche träumen sich
hinauf zu den Sternen
und die Luft atmet Hoffnung,
dass der silbern
schimmernde Morgentau
auf dem Sommergrün
dir die Sättigung
deiner Sehnsucht
verheißt.

Der Schrebergarten

Unser Schrebergarten spielte in meiner Kindheit eine eminent wichtige Rolle, weil wir uns weitgehend von dem, was dort wuchs, ernährten. Es war üblich, dass wir, sobald mein Bruder und ich aus der Schule nach Hause gekommen und zu Mittag gegessen hatten, in den Garten gingen. Wenn wir dort unsere Hausaufgaben unter dem weit ausladenden Geäst des Apfelbaums gemacht hatten, ging es ans Ernten. Da wollten Möhren gezogen, Erbsen und Bohnen abgerupft, der Grünkohl von Raupen befreit und allerlei Beeren gepflückt werden. Während ich gegen die Stachelbeerbäumchen eine tiefe Abneigung hegte, weil ich mir darin jedes Mal die Hände zerstach, bereitete das Ernten von Johannisbeeren und Himbeeren, von denen wir eine ganze Hecke hatten, schmackhafte Freude: Das ein oder andere Früchtchen davon wanderte nämlich direkt in den Mund.

Zuhause wollten Gemüse und Früchte natürlich verarbeitet werden. Was nicht frisch gegessen wurde, musste durch Garvorgänge haltbar gemacht werden, damit wir auch im Winter davon zehren konnten. Da es noch keine Gefriertruhen gab, wurde das Gemüse in Dosen eingekocht und anschließend vorsichtig zu einem „Dosenzumacher", wie ich zu sagen pflegte, getragen.

Beeren, zu späterer Jahreszeit auch Äpfel und Pflaumen, brodelten, da Gelierzucker noch unbekannt war, stundenlang auf dem Herd zu Saft, Marmelade oder Gelee. Für die Birnen standen Weckgläser bereit.

Rote Grütze, Apfelmus und Birnenkompott gab es natürlich regelmäßig und wir Kinder liebten diese Köstlichkeiten sowie auch die Apfeltorte, die unsere Mutter an vielen Herbstwochenenden gebacken und mit Puderzucker bestäubt hatte. Wenn ich heute ein paar Gläser Marmelade koche oder einen Apfelkuchen im Ofen habe, werden die Räume von einem wohligen Duft durchweht, der mir den Geschmack von Kindheit auf die Zunge trägt.

Sonntagskuchen

Auf dem Sonntagstisch
ein frisch gebackener Kuchen:
Der Puderzucker staubt,
wenn ihn das Messer zerteilt.
Süß tropft der Saft aus den Äpfeln –
ich tupfe ihn mit dem Finger auf,
schlecke ihn ab
und freue mich:
Auf meinem Teller liegt
das größte Stück.

Der Kastanienbaum

Ich mag wohl so fünf oder sechs Jahre alt gewesen sein, als ich mit einer Freundin zusammen auf der Straße Kastanien aufgesammelt hatte. Unter Anleitung ihrer Mutter wollten wir daraus am Nachmittag Kastanienfiguren basteln. Nachdem wir zunächst den köstlichen Kakao genossen hatten, kamen wir auf die Idee, eine der Kastanien in der Erde zu versenken. Ob daraus wohl ein richtiger Baum wird, fragten wir uns kichernd.
Die Kastanie schlug Wurzeln. Schon im kommenden Frühjahr konnten wir ihren Austrieb bestaunen. Die Eltern meiner Freundin ließen das Bäumchen wachsen. Wir haben uns in den kommenden Jahren noch manches Mal beim Spielen oder Hausaufgabenmachen daran erfreut. Nach dem Abitur trennten sich unsere Wege und wir haben uns aus den Augen verloren. Jetzt, mehr als vierzig Jahre später, habe ich zu meiner damaligen Freundin wieder Kontakt aufgenommen. Sie hat das Haus ihrer Eltern geerbt. Neulich habe ich sie besucht. Der Kastanienbaum wirft mittlerweile einen großen Schatten auf die Terrasse, aber sie bringt es nicht fertig, ihn absägen zu lassen. „Er ist für mich ein Symbol für unbeschwerte Kindheitstage“, meinte sie. Der Tee unter seinen Ästen schmeckte nach Leichtigkeit und Frieden.

Nachsommer

Wenn Astern rot
und violett erblühen
und in den Gärten
das Kartoffelfeuer brennt,
dann zieht der Herbst
allmählich übers Land.
Die langen Tage sind vorüber,
das Sonnenlicht
wird langsam milder
und Frieden strömt
durch Feld und Flur.

Vom Segen des Herbstes

Der Herbst hält noch einmal ein besonderes Farbenspiel für uns bereit. Im milder gewordenen Sonnenlicht leuchten die bunten Blätter in allen Schattierungen und die Obstbäume hängen voller süßer Früchte, die eine reiche Ernte verheißen. Doch zugleich wohnt dem Herbst eine gewisse Melancholie inne. Wenn man durchsonnte Wege durchstreift, das erste raschelnde Laub unter den Füßen, wird es stiller in einem. Die Vergänglichkeit der Natur mahnt dazu, auch die eigene Endlichkeit zu bedenken und vielleicht fortan jeden Tag, der einem geschenkt ist, noch tiefer zu erleben und zu genießen.

Es ist der Baum

Es ist der Baum
der mich mit dem Gesang
seines Blattwerks im Wind
zärtlich umrauscht.
Ich umarme
seinen kräftigen Stamm,
suche sehnsuchtsvoll
seinen Halt –
und spüre den Trost
seiner Kraft.

Im Weinberg

Von Franz von Assisi wird erzählt, dass er einen Mitbruder hatte, den es nach Trauben gelüstete, der aber nicht wagte, um ihren Genuss zu bitten. Da machte sich der Heilige Franz zusammen mit dem Bruder zu einem Weinberg auf, ließ sich gemeinsam mit ihm neben einem Weinstock nieder und aß mit ihm einmütig von den Trauben, damit dieser sich nicht schämen müsse, alleine zu essen.

Vielleicht naschen wir manchmal ein paar der gesunden Trauben nur zwischendurch, vielleicht genießen wir sie aber auch mit etwas Käse als Dessert. Möge es uns, wenn wir Besuch haben, dabei nicht so ergehen wie einer Gastgeberin des Gastrosophen Jean Brillat-Savarin (1755–1826), die auf ihre Aufforderung, noch eine Traube zu nehmen, die Antwort erhielt: „Nein danke, ich nehme meinen Wein nie in Pillenform zu mir."

Abschiednehmen

Wenn das Laub fällt,
den Sommergesängen
Ade sagen
und der milden Herbstluft
Atem schenken.
Leise in sich hineinhorchen
und den Gedanken
vom Abschiednehmen
allmählich Raum geben:
Auch deine Tage
reifen ihrem letzten
entgegen.

Erntedank feiern

Am Erntedankfest feiern wir, dass wir an jedem Tag des Jahres genug zu essen und zu trinken haben. Wer die Schöpfung mit all der Fülle, mit der sie uns beschenkt, sowie das eigene Leben als von Gott gegeben ansieht, erkennt darin einen Grund, dem Schöpfer für die Vielfalt der Gaben zu danken, durch die wir täglich satt werden dürfen. Die Altäre in den Kirchen werden an diesem Tag mit Früchten von Feld und Garten festlich geschmückt. Wir sind damit zugleich aufgerufen, den Hunger in der Welt mit unseren Möglichkeiten zu bekämpfen, damit auch andere Menschen auf der *einen* Erde satt werden können.

Mein Dank

Mein Dank
steigt zum Himmel empor:
Jeden Tag Brot auf dem Tisch,
jeden Tag mehr,
als man zum Leben
bedarf.

Mein Dank
steigt zum Himmel empor:
Sich jeden Tag nähren dürfen
von dem, was auf der Erde
wächst und gedeiht –
wer auf der Welt
ist schon mit dieser Gnade
beschenkt?

Herbstzeit,
satte Ernte, volle Körbe,
bunte Feste in den Dörfern,
Kürbisse und Kränze
auf den Wagen
und am Abend
noch ein Tanz.

Herbstzeit

Welche Ernte darfst du in diesem Jahr einfahren für die vielfältigen Anstrengungen und Bemühungen in deinem Lebensfeld? Was hast du in den Acker deiner Tage hineingesät, wie viel davon ist auf trockenen Boden gefallen und verdorrt, was davon ist aufgegangen und zur Frucht gereift? Ist es genug, um im kommenden Jahr davon zehren zu können? Hast du Grund dazu, dein eigenes Erntefest zu feiern, oder musst du dir darüber Gedanken machen, wie du – um im Bild zu bleiben – dein persönliches Stück Land im kommenden Jahr besser bestellen kannst?

Stunde der Dichter und Denker

Auch ein Herbstfest hat seinen Reiz. Freunde luden einmal zu einem besinnlichen Abend ein. Den Tischschmuck bildeten neben Kerzen selbst gesammelte bunte Herbstblätter, Eicheln und Kastanien. Ein Strauß Lampionblumen mit seinen orangefarbenen Blüten brachte zusätzlich Farbe in den Raum. Kulinarisch wurde das angeboten, was der Herbst hergab: als Vorspeise eine Kürbissuppe, ein Pfannkuchen mit Pilzragout nebst einem Salat mit gerösteten Sonnenblumenkernen als Hauptgericht und danach eine Schüssel mit Nüssen und eine große Schale mit Birnen, Äpfeln und Weintrauben, an denen sich jeder im Laufe des Abends nach Lust und Laune bedienen konnte. Im Zusammenhang mit der Einladung waren wir Gäste gebeten worden, ein Gedicht oder eine Geschichte zum Thema „Herbst“ mitzubringen. Während der Essenspausen und beim Knabbern von Äpfeln und Nüssen wurden die Texte dann vorgelesen. So mancher Gedanke führte zu einem guten Gespräch.

Novembertage

Nebelschwaden
schweigen sich
über das Land,
grau fällt das Licht
durch die Bäume.
Erster Reif
auf den Zweigen
friert dich
dem Winter
entgegen.

Von der Ruhe des Winters

Wenn der Winter Einzug hält, wollen alle frostempfindlichen Pflanzen ins Haus getragen oder mit einem Winterschutz versehen werden, damit sie auch im kommenden Jahr blühen. Was die Pflanzen benötigen, tut auch uns selbst gut, gewissermaßen als Winterschutz für die Seele. Wir brauchen den Rückzug in die geheizten Räume, vielleicht auch einmal mit einem heißen Tee und einer wärmenden Decke. Und während die Hagebutten unter dem Schnee ruhen, träumen wir vielleicht schon von den ersten Strahlen der Frühlingssonne.

Was für ein Segen

Was für ein Segen,
wenn Mensch und Tier
auch im Winter
genug haben,
von dem sie sich
nähren können.
Was für ein Segen.

Ein Weihnachtsbaum für Tiere

In der kalten Jahreszeit, wenn die Sträucher keine Früchte mehr tragen, ist es für manche Tiere schwer, Futter zu finden. Es ist eine schöne Idee, Wildtieren – neben dem traditionellen Vogelhäuschen – im Garten oder auf dem Balkon ein Bäumchen zu richten, das man mit Meisenknödeln und Äpfeln behängt, an denen sich Meisen, Feldsperlinge und Buntspechte laben können. Daneben freuen sich Eichhörnchen und Mäuse über Nüsse. Und wer den Hasen etwas Gutes tun möchte, der legt einige Karotten unter den Baum.

Christrose

An kalten Wintertagen
blühen sie auf,
die Christrosen –
Frost und Schnee
vermögen nicht,
sie zu schrecken.
Es kommt jedes Mal
einem Wunder gleich,
wenn inmitten
dunkelster Nacht
eine neue Hoffnung
aufbricht.

Bildnachweis

Cover, S. 94: Jimmy Tran/Shutterstock.com; S. 3: Mrs.Tea/Shutterstock.com; S. 4: Igor Sokolov (breeze)/Shutterstock.com; S. 6: Peter Raymond Llewellyn/Shutterstock.com; S. 9: ArtOfLightPro/Shutterstock.com; S. 10/11: Polina Katritch/Shutterstock.com; S. 12: mubus7/Shutterstock.com; S. 13: Alexander Raths/Shutterstock.com; S. 14: Taratorki/Shutterstock.com; S. 17: GenyaLavrova/iStock/Thinkstock; S. 18: Anna-Mari West/Shutterstock.com; S. 19: Moravska/Shutterstock.com; S. 20: Testbild/Shutterstock.com; S. 22: fotohunter/Shutterstock.com; S. 23: Geo-grafika/Shutterstock.com; S. 25: showcake/Shutterstock.com; S. 26: Rachelle Burnside/Shutterstock.com; S. 29: lisa verrecchia/Shutterstock.com; S. 30: Maryna Kulchytska/Shutterstock.com; S. 32: Chepko Danil Vitalevich/Shutterstock.com; S. 33: E. O./Shutterstock.com; S. 35: mahey/Shutterstock.com; S. 37: aliasemma/Shutterstock.com; S. 38: elbs/iStock/Thinkstock; S. 40/41: Teresa Kasprzycka/Shutterstock.com; S. 42: Liudmila Fadzeyeva/Shutterstock.com; S. 44: Detchart Sukchit/Shutterstock.com; S. 46: Malyshev Alexander/Shutterstock.com; S. 49: Sternstunden/Shutterstock.com; S. 50: Dirk Ott/Shutterstock.com; S. 52: Shaiith/Shutterstock.com; S. 53: gentelmenit/fotolia; S. 54/55: humbak/Shutterstock.com; S. 57: M. Pellinni/Shutterstock.com; S. 60/61: Svetlana Iakusheva/Shutterstock.com; S. 65: mama_mia/Shutterstock.com; S. 66: Gyuszko-Photo/Shutterstock.com; S. 68/69: Vahan Abrahamyan/Shutterstock.com; S. 71: Peter Gudella/Shutterstock.com; S. 72/73: carlos castilla/Shutterstock.com; S. 74: melis/Shutterstock.com; S. 77: Mark Herreid/Shutterstock.com; S. 78: Yotka fotoaloja/Shutterstock.com; S. 81: mythja/Shutterstock.com; S. 82: oksana_nazarchuk/iStock/Thinkstock; S. 85: Anastasiia Malinich/Shutterstock.com; S. 86: aaltair/Shutterstock.com; S. 89: VOJTa Herout/Shutterstock.com; S. 90: iStockphoto/2xWilfinger; S. 93: a9photo/Shutterstock.com.

Quellen

S. 22:

Vom Säen und Pflanzen

Aus: Christa Spilling-Nöker, Die schönsten Seiten des Lebens, Herder, Freiburg 2011,
978-3-451-32551-9

S. 47:

Wie schmecken doch die Kirschen gut

Aus: Christa Spilling-Nöker, 50 Zutaten zum Glück, Herder, Freiburg 2010,
978-3-451-07109-6

S. 75:

Im Weinberg

Aus: Christa Spilling-Nöker, 50 Zutaten zum Glück, Herder, Freiburg 2010,
978-3-451-07109-6 (gekürzt und überarbeitet)

S. 80:

Herbstzeit

Aus: Christa Spilling-Nöker, Der immerwährender Kalender, Herder, Freiburg 2010,
978-3-451-29228-6

© Verlag Herder GmbH, Freiburg im Breisgau 2016
Alle Rechte vorbehalten
www.herder.de

Umschlaggestaltung und Innenlayout: griesbeckdesign, Dorothee Griesbeck, München
Satz: textum GmbH, München
Herstellung: Graspo CZ a.s., Zlín
Gedruckt auf umweltfreundlichem, chlorfrei gebleichtem Papier
Printed in the Czech Republic

ISBN 978-3-451-31119-2